Danke!

AF145652

17 Kurzandachten

Herstellung und Verlag:
Books on Demand, Norderstedt
ISBN: 978-3-7357-8749-1

Inhaltsverzeichnis

Vorwort

Liebe Leserin, lieber Leser,

dies Büchlein sagt Gott und Ihnen selbst "dankeschön", und zwar mit 17 Kurzandachten. Die ersten
lenken den Blick darauf, was Gott uns gibt. Die
nächsten handeln davon, sich selbst Gutes zu tun,
und im dritten Teil geht es um die Zuwendung zu
unseren Mitmenschen.

Das ist Ausdruck unseres Glaubens, dass Gott uns
reich beschenkt und zum Schenken bewegt.
Wenn Sie an einzelnen Stellen oder grundsätzlich
anderer Meinung sind, hat das sicher gute Gründe
und soll dem "Dankeschön" keinen Abbruch tun.

Viel Freude beim Lesen!

Jana und Tobias Meyer zu Hörste,
April 2014

Geschenke von Gott für mich

Schiffbruch mit Tiger

Ein Junge und ein Tiger verbringen fast ein Jahr zusammen in einem Rettungsboot. Davon handelt der Film: „Life of Pi, Schiffbruch mit Tiger". Tatsächlich überleben es beide. Der Junge erzählt später zwei verschiedene Versionen von seinem Kampf ums Überleben: Zum einen erzählt er das, was man im Film gesehen hat: Wie der Tiger mit im Boot war und Pi ständig Angst hatte, gefressen zu werden. Aber ohne den Tiger hätte er es nicht geschafft, denn der hat Pis Überlebenswillen gestärkt und hat ihn davor bewahrt, verrückt zu werden. In der zweiten Version ist Pi allein im Boot. In dem Film kommt ein Zuhörer vor, der nun selber entscheiden muss, welche Version er glaubt. Er entscheidet sich für die Version mit Tiger. „Das ist die bessere Geschichte" sagt er. Pi antwortet: „Und so ist es auch mit Gott." Ich vermute, er meint damit: Auch unser Leben kann man in zwei Versionen erzählen. Einmal mit Gott an unserer Seite und einmal ohne ihn. Ich finde auch, dass die Version mit Gott die bessere ist.

Wie ein Kloster

In South-Devon in Südengland gibt es eine Art Kloster, das auf einem Hügel liegt mit Blick auf Wald, Fluss und Täler: wunderschön. Ein Ort zum Abschalten, zum Nachdenken über gutes Leben, Liebe, Trauer. Es ist einem Kloster ähnlich, aber hier geht es niemals um Gott, denn es ist eine Einsiedelei für Atheisten. Auch die können Ruhe und Abgeschiedenheit brauchen, auch Atheisten wissen Musik, Gemeinschaft und gute Rede zu schätzen. Am Sonntagvormittag werden sogenannte „Sermone" gehalten – genau wie in einem Gottesdienst, nur ohne Gott. Das hat der englische Philosoph Alain de Botton ins Leben gerufen.

Es ist sicher gut, wenn es Orte zum Abschalten und Nachdenken für alle Menschen gibt, auch für die, die nichts von Gott wissen wollen. Und doch halte ich ein Kloster für etwas gänzlich anderes: dort sollen Architektur und Musik es Menschen erleichtern, Gott zu begegnen und mit ihm zu sprechen. Sie bauen auf das Versprechen, dass Gott uns begegnen will. Das ist mehr als nur Ruhe zum Nachdenken.

Der Dieb im Himmel

Dieb kommt an die Himmelstür. Er klopft: „Macht auf!" Der Apostel Petrus öffnet, denn er hat die Schlüssel zum Himmel. „Wer bist du?" fragt er. „Ein Dieb. Lass mich rein!" Da sagt Petrus: „Für Diebe ist hier kein Platz!" Sagt der Dieb: „Und du? Du hast Christus verleugnet, noch bevor der Hahn dreimal krähte! Mir kannst du nichts vormachen!" Da kehrt Petrus um und schickt Paulus. Doch der Dieb sagt: „Du bist Paulus? Du hast die Christen aus Damaskus vertrieben! Warum bist du im Paradies?" Paulus und Petrus beraten und schicken den Evangelist Lukas an die Himmelspforte. Der stellt sich vor: Ich bin der Evangelist Lukas. Da sagt der Dieb: „So? Ein Evangelist? In deinem Buch steht: Klopft an, so wird euch aufgetan. – Ich stehe hier seit zwei Stunden und keiner macht mir auf! Lass mich rein, oder ich erzähle allen Menschen, dass du gelogen hast!" So kommt der Dieb ins Paradies.
Hand aufs Herz: Ich glaube nicht, dass man so in den Himmel kommt. Aber eines glaube ich ganz sicher: Dass auch Gott seine Freunde um sich haben will – und die sind nicht ohne Fehler.

Sorgenfresser

Zufällig bin ich im Internet auf einen Sorgenfresser gestoßen: Das ist ein Stofftier mit einem Reisverschluss als Mund. Ich nehme an, man schreibt seine Sorgen auf einen Zettel und steckt sie dem Sorgenfresser in den Mund. Das macht die Probleme nicht kleiner, aber wahrscheinlich fühlt man sich trotzdem besser. Viele Menschen denken, das Beten auch so ist: Es vermindert nicht die Probleme, aber es hilft uns, damit umzugehen.
Ich persönlich glaube, dass beim Beten schon jemand zuhört, auch wenn oft nicht das passiert, worum wir gebeten haben. Vielleicht erklärt uns Gott eines Tages, warum das so ist.
Ich hab oft gemerkt, dass es mir hilft, wenn jemand mein Problem wirklich versteht, auch wenn derjenige nichts daran ändern kann. Aber besser sollte es Gott oder ein echter Mensch sein, ein Stofftier hilft nur vorübergehend.

Einfach-So Tag

Am 27. August ist „Einfach-so-Tag". Wirklich verrückt, was es alles gibt: Einen Tag, um „einfach mal so" etwas zu tun, völlig ohne jeden Sinn: ziellos durch die Gegend laufen, ein Bild malen und gleich wieder wegwerfen oder irgend so etwas. Wer den Tag erfunden hat, hat nichts Besseres zu tun gehabt, denke ich mir. Man braucht doch keinen Extra-Tag, um „einfach mal so" etwas zu tun, das kann man doch jeden Tag machen, wenn man will. Auf der anderen Seite gefällt mir der Tag auch. Wann nehmen wir uns schon mal Zeit, um etwas Sinnfreies zu tun? Ich glaube, dass jeder Sonntag ursprünglich als so ein Tag gemeint war: Ein Tag, an dem man kaum Verpflichtungen hat, wo man einfach mal Zeit verschwenden darf. Das ist enorm erholsam: keinerlei Druck, man muss kein Ziel erreichen. Sonntag ist leider nicht jeden Tag, meistens muss man arbeiten, aber vielleicht ist trotzdem ein wenig Zeit zum – einfach so - Verplempern.

Der Lob-boter

Eine Geschichte erzählt von einem kleinen Roboter, der fast so lebt wie ein Mensch. Nur einen Unterschied gibt es: Wenn er gelobt wird, glänzt er ganz schön und er wird größer. Er ist also ein Lob-Roboter, kurz: Loboter. Einmal sagt jemand zu ihm: „Bist du aber dumm!" Da wird der Loboter ganz klein und hässlich, denn er braucht das Lob als Antrieb. Am Ende wird er in einen Menschen verwandelt, was ihn sehr froh macht, denn nun ist es nicht mehr so wichtig, wie ihn die anderen sehen. Wenn sie ihn loben, freut er sich. Aber manchmal sagt ihm keiner was Nettes, das ist auch okay. Er weiß jetzt: Ich bin was wert, selbst wenn es keiner merkt.
Ich glaube, dass Gott uns genau das auch sagt: Dass wir was wert sind, selbst wenn es kein Mensch sehen kann.

Tierarztpraxis

Eine angehende Tierärztin hat zu mir gesagt: „Ich übe jeden Tag, freundlich zu meinen Kunden zu sein. Das ist manchmal nicht so einfach. Manche Menschen gehen nicht gut mit ihren Tieren um, und das ärgert mich dann sehr. Andere sind unfreundlich zu mir oder beschweren sich heftig über die Preise. Wenn ich dann ruhig bleibe und freundlich und klar meine Meinung sage, dann bin ich abends immer ganz stolz." Anfangs hat sie sich jemanden gewünscht, der zu ihr sagt: „Hey, du warst richtig gut heute!" Aber sie wollte sich gut fühlen, ohne dafür von anderen Menschen abhängig zu sein. Jetzt ist sie stolz, wenn sie ihren eigenen Werten entsprechend gelebt hat.
Was sind Ihre Werte, denen Sie heute gerecht werden wollen? Hoffentlich sind Sie auch stolz, wenn Sie das geschafft haben!

Geschenke von mir an mich

Vorsicht Tiger

Wissenschaftler haben verschiedenen Menschen vier Bilder gezeigt, alle gleichzeitig und nur für einen kurzen Moment. Drei Bilder waren schön, und auf einem war etwas Schreckliches oder Ekliges zu sehen. Dann wurde gemessen, welches Bild die Versuchspersonen wie lange angeschaut haben. Sie haben automatisch das unangenehme Bild länger angeschaut. Die Forscher begründen das damit, dass in der Steinzeit die Menschen ganz genau darauf achten mussten, ob irgendwo Gefahr lauerte, ein Säbelzahntiger zum Beispiel. So ein Tiger war ja etwas Unangenehmes und die Menschen haben besser überlebt, die auf den Tiger geachtet haben – und nicht auf die schönen Büsche, in denen er sich versteckt hat. Seit dieser Zeit nehmen wir Schlechtes aufmerksamer wahr als Schönes. Über die Jahrhunderte haben sich aber die Verhältnisse geändert. Psychologen haben auch festgestellt, dass heute die Menschen länger leben, die sich an den schönen Dingen des Lebens freuen. Sie werden seltener krank als die Miesmuffel und haben eine höhere Lebenserwartung. Wenn das keine Einladung zu einer positiven Weltsicht ist!

Blumen im Kühlschrank

Im Sommer habe ich es ausprobiert: Wo hält sich ein Blumenstrauß am längsten? Draußen im Garten verdunstet das Wasser schnell. Im Wohnzimmer ist es auch zu warm. Im Kühlschrank, da bleiben die Blumen lange frisch.

Jetzt haben wir häufiger mal einen kleinen Blumenstrauß im Kühlschrank stehen. Ich muss immer lachen, wenn ich die Milch daneben rausnehme. Als würde er sich dort verstecken, so steht der Blumenstrauß da. Er erinnert mich an viele andere schöne Dinge meines Lebens: die Tatsache, dass ich heute Nacht gut geschlafen habe, dass ich Geige gespielt habe, auch die Erinnerung an das nette Gespräch gestern beim Sport. Lauter schöne Dinge - warum freue mich so wenig daran? Ich verstecke diese schönen Erlebnisse irgendwo. Dabei bleiben DIE besser frisch, wenn ich öfter daran denke. Also: Wenn ich heute meine Blumen im Kühlschrank sehe, dann denke ich an eine schöne Selbstverständlichkeit.

Geben ist seliger als Nehmen

Um wirklich erfolgreich zu sein, muss man seine Ellenbogen einsetzen. Wer anderen hilft, kommt selber nicht voran. Das war eine weit verbreitete Ansicht. Jetzt hat ein Psychologe herausgefunden: hilfsbereit zu sein ist gut für den Erfolg im Beruf. Am erfolgreichsten sind die Menschen, die gezielt ihr Wissen teilen. Sie helfen in dem Bereich, wo sie am besten sind. Also: Geben ist seliger als Nehmen - das gilt überraschenderweise auch für die Karriere. Gleichzeitig bedeutet das auch: Man kann ruhig mal nachfragen, wo man eine Auskunft braucht. Die meisten Menschen helfen ganz gerne, das sagt zumindest die Statistik. Vielleicht geraten ausgerechnet Sie heute an einen der Menschen, die ruppig und schlecht gelaunt sind, wenn man sie was fragt. Das kann passieren, aber ausprobieren lohnt sich: womöglich bekommt man doch ganz einfach die Hilfe, die man braucht. Das ist es doch wert.

Die Welt will betrogen sein

„Im Krieg und in der Liebe sind alle Mittel erlaubt",
so sagt es das Sprichwort. Anders ist das im Sport:
Da soll der Beste gewinnen, man will faire
Wettkämpfe sehen. Aber wo geschieht das noch?
Immer wieder gibt es Doping-Enthüllungen. Einer
dieser ertappten Sportler hat erklärt, warum er das
gemacht hat: Er wollte sein Traumleben behalten:
den Sport und die Reisen. Vermutlich hat er sein
Gewissen beruhigt mit Begründungen wie: „Das
macht doch jeder. Die Welt will betrogen sein."
Wenn man kein Sportprofi ist, stellt sich die Frage
eher bei Versicherungsbetrug – oder vielleicht bei
Schwarzarbeit. „Ich schade ja keiner Person"
beruhigt sich das Gewissen. – Aber Betrug lohnt sich
nicht. An den Dopingskandalen sehen wir: Man
schadet schon einer Person: sich selbst. Die Sportler
haben geglaubt, dass das niemals ans Licht kommt
und es ist doch so gekommen. Dass dadurch manche
Leute die Lust am Sport im Fernsehen verlieren, ist
dabei wohl noch das geringste Problem.

Geschenke von mir für andere

Kleines Pony

Ein kleines rosa Pony taucht plötzlich aus einem Haufen von Badeschwämmen auf. Kurz drauf platzt es aus einem Berg Äpfel hervor. Und jedes Mal sagt es das gleiche: „Missbrauch nicht das Vertrauen eines Freundes! Sonst verlierst du den Freund vielleicht für immer".

Das ist ein kurzer Ausschnitt aus der Serie „Mein kleines Pony": eine englische Zeichentrickserie, ganz süß gemacht. Es geht jedes Mal darum, etwas über Freundschaft zu lernen – nun schon über 40 Folgen lang! Ich hätte nicht erwartet, dass es so viel über Freundschaft zu sagen gibt. Und dies finde ich besonders wichtig: Geheimnisse von Freunden muss man unbedingt auch geheim halten, denn Vertrauen ist die Basis aller Beziehungen. Wenn man einander nicht vertrauen kann, läuft was schief – und das nicht nur bei rosa Ponys.

Malala

Malala ist ein jugendliches Mädchen aus Pakistan, das sich im Internet dafür eingesetzt hat, dass Mädchen zur Schule gehen dürfen. Aber in Pakistan darf man seine Meinung nicht frei äußern, deshalb wurde sie in den Kopf geschossen. Sie hat überlebt und als es ihr wieder gut ging, hat sie gesagt, dass sie demjenigen vergeben hat, der sie angeschossen hat. Sie hat sich nicht abschrecken lassen und setzt sich weiterhin öffentlich für die Rechte der Mädchen ein. Ich bewundere diesen Mut. Jeder kennt ja Situationen, wo es ungerecht zugeht. Es ist gar nicht so einfach, da den Mund aufzumachen, sich für Gerechtigkeit einzusetzen. Dabei laufen WIR normalerweise nicht Gefahr, erschossen zu werden. Wir machen uns vielleicht unbeliebt oder wir brocken uns rger ein, aber Schlimmeres passiert meistens nicht. Vielleicht steckt uns Malalas Mut an und ganz viele Leute wagen kleine Schritte hin zur Gerechtigkeit. Das könnte eine Menge verändern!

Luxus oder Leben?

Es gibt eine Geschichte, die erzählt von einer Zeit, wo die gesamte Luft durch Giftgase verseucht ist. Fast alle Menschen sind daran gestorben, nur ein paar Menschen haben überlebt, denn sie haben rechtzeitig eine Art "ICE der Zukunft" gebaut. Die Menge an Luft, die sie für das Innere ihres Zuges brauchten, konnten sie jeweils reinigen. So können sie dort atmen, schlafen, sich fit halten, essen, also alles, was wichtig ist. Sie bauen ihre Nahrung in speziellen Plantagenwagen an. Der Zug hält niemals an, denn dann klappt die Energiebalance nicht mehr. So geht das Generationen lang und die Menschen suchen derweil eine Möglichkeit zur Entgiftung der Atmosphäre.

Aber es gibt ein Problem: weil der Zug jahrhundertelang in die gleiche Richtung fährt, geht der Führerstand kaputt. Er kann notdürftig repariert werden, aber spätestens in zwanzig Jahren wird er endgültig streiken. Die Erwachsenen akzeptieren ihren Tod und den Untergang der Menschheit als unabwendbar, sie entwickeln in aller Seelenruhe neue Sorten von Kaffee. Dabei verbrauchen sie mehr Energie als das System recyceln kann. Die Kinder in dem Zug merken irgendwann, dass die Erwachsenen gar nicht darauf hinarbeiten, die Katastrophe abzuwenden. Sie leben lieber jetzt glücklich und im Luxus – auf Kosten der Zukunft ihrer Kinder.

Die Geschichte geht gut aus: Die Kinder finden in einem querdenkenden Wissenschaftler ihren Verbündeten und entdecken einen zweiten Führerstand am Ende des Zuges. Obwohl es "schon immer" verboten ist, dort etwas zu berühren, aktivieren sie den Führerstand. Der Zug kann in die andere Richtung fahren!

Ich frage mich, ob wir im echten Leben auch einen Richtungswechsel schaffen: dass wir die Umwelt schonen und nur noch so wenig Energie verbrauchen, wie wieder hergestellt werden kann. Dann wäre Leben auf der Erde auch noch jahrhundertelang möglich.

Schlau wie ein Meerschweinchen

Eines unserer Meerschweinchen hat draußen im Freilauf gesessen, als es angefangen hat zu regnen. Es ist auf sein Häuschen geklettert und pitschnass geworden. Das ist gefährlich, Meerschweinchen können sich dabei erkälten und daran sterben. Das wusste unseres wohl nicht oder es war ihm egal. Lieber ein nasses Fell als nasse Füße: „Was stört es mich, wenn ich dann an Erkältung sterbe!" Nun hat ein Meerschweinchen kaum Gehirn, da kann man das entschuldigen. Aber Menschen machen ja ähnlich unsinniges Zeug: sie kaufen sich ein besseres Handy, obwohl ihr altes nicht kaputt ist. 140 Millionen Handys landen pro Jahr auf dem Müll. Dadurch verseuchen 40 tausend Kilo Blei den Boden, und dabei ist die Umweltbelastung durch die Herstellung noch gar nicht berücksichtigt. Damit nehmen wir lieber eine massive Belastung der Natur in Kauf als ein unmodernes Handy zu benutzen. Ich möchte mir selbst beweisen, dass ich intelligenter bin als ein Meerschweinchen: ich werde mein Handy benutzen bis es nicht mehr geht.

Eine Frage der Moral

Es ist schon eine Weile her, da haben sich manche Leute gewaltig geärgert: der Manager von Bayern München Uli Hoeness hat Steuern hinterzogen. Wir wollen uns mit ihm freuen an sportlichen Erfolgen. Das soll er nicht kaputt machen durch Betrugsgeschichten. Unser Bundespräsident hat dazu gesagt: „Ich finde es nicht unmoralisch, reich zu sein. Ich finde es unmoralisch, unmoralisch reich zu sein." Das heißt doch: Reich sein ist okay, solange wir Deutschen von dem Geld abbekommen, was uns zusteht; solange unser Staat seine Steuern bekommt. Schließlich werden Steuergelder an vielen Stellen dringend gebraucht. Wer uns das vorenthält, ist unmoralisch.

In Somalia sind in den letzten zwei Jahren 133 tausend kleine Kinder an Hunger gestorben. Es gibt leider kein Gesetz, das uns dafür zur Verantwortung zieht. Aber ich persönlich finde: Es IST unmoralisch, reich zu sein. Es mag legal sein, rechtmäßig, Millionen Euros zu besitzen, während anderswo Millionen von Menschen verhungern. In Ordnung ist es nicht.

Lampedusa

Afrikanische Flüchtlinge kommen auf völlig überfüllten, alten Booten über das Meer: Dafür ist die italienische Insel Lampedusa bekannt geworden. Flüchtlinge aus Afrika sind dort gekentert und ertrunken - oder wurden gerettet. Es gibt eine Vereinigung „Lampedusa in Hamburg". Sie versucht, Flüchtlingen zu helfen, die bis nach Hamburg gekommen sind, teilweise schon vor Jahren, und seither in Hamburg auf der Straße leben.
Vor nicht ganz zweitausend Jahren hatten die christlichen Gemeinden einen enormen Zulauf, denn dort konnten Menschen mit verschiedener Hautfarbe, verschiedener Sprache und Herkunft zusammenkommen. Alle haben zusammengehalten, so konnten alle leben. Warum schaffen wir das heute nicht mehr? Ich stelle mir vor, dass die Flüchtlinge irgendwo im Gästezimmer auf ihren Papierkram warten könnten, sie müssten das nicht obdachlos in Hamburg tun. Wie finden wir zurück zu der urchristlichen Solidarität?